D1932107

Josef Fendl

Sprüch übers Bier

JOSEF FENDL

Sprüch übers Bier

W. Ludwig Buchverlag

Zeichnungen: Helmut Heimerl
Umschlagentwurf: Kaselow Design
unter Verwendung einer Zeichnung
von Dieter Hanitzsch

2. Auflage 1992

ISBN 3-7787-3334-6
© 1989 W. Ludwig Buchverlag
in der Südwest Verlag GmbH & Co. KG, München
Alle Rechte vorbehalten
Printed in Germany
Druck und Bindung: Kösel, Kempten

„Hob i g'sagt, daß i mi' wasch'n möcht?" hat dersell Bauer zu der Bäuerin g'sagt, wia s' eahm zum Trinka a Wasser hi'g'stellt hat.

*

„I bin durstig, net dreckert!" hat dersell g'sagt, dem s'a Glas Wasser angebot'n hab'n.

*

„Der Doktor hat g'sagt, i derf koa Wasser trinka", hat dersell Bierdimpfi erzählt, „weil sonst mei' eiserne Gesundheit rost'...!

„D' Leut sagn'n, daß 's gar net so schlecht waar!" hat dersell Bauer g'sagt, wia 'n der Urlauber g'fragt hat, ob sei' Wasser zum Trinka is.

*

„Man muaß net allerweil 's Beste hab'n!" hat dersell Bauer g'sagt, wia der Doktor g'moant hat, daß er am bestn a Wasser trinka sollt.

*

„– dös kann mir höchst'ns beim Zähnputz'n neiglaufa sei'!" hat dersell überlegt, wia der Doktor g'sagt hat, daß er Wasser in dö Füaß hat.

*

„Jetz' werd i d' Leber a weng tratz'n!" hat dersell Bauer g'sagt – und hat a Wasser trunka.

*

„Dös waar dös mei'", hat dersell Knecht g'sagt, „jeder Tag sollt a Sunnta und 's Trinka a Handwerk sei'!"

*

„Liaber z'vui trinka", hat dersell Knecht g'sagt, als z'weng ess'n!"

„Liaber an dick'n Bauch vom Saufa", hat dersell Bierdimpfi g'sagt, „als an krumma Buckl vom Arbeit'n!"

*

„Sogar die Liebe ist vergänglich", hat dersell Saufbruader g'sungen, „nur der Durscht bleibt lebenslänglich!"

*

„So weit laß i 's gar net kemma!" hat dersell Bauer g'sagt, wia 'n der Doktor g'fragt hat, ob er recht unterm Durscht z' leid'n hat.

*

„– wie's G'viechert!" hat dersell Bauer g'sagt, wia der Urlauber im Wirtshaus g'sagt hat, daß er bloß trinkt, wenn ihn dürscht.

*

„Hast ebba Durscht?" hat dersell g'fragt, wia er oan trinka hat sehg'n. „Nna", hat der g'sagt, „i möcht bloß sehg'n, ob der Hals no' dicht is . . .!"

*

„'s Biertrinka macht an Mensch'n dumm!" hat dersell Lehrer zu seine Kinder g'sagt. „Merkts euch dös und denkts allerweil an mi!"

„Sie brauchen Eahna gar nix ei'buidn", hat diesell Bäuerin zu der Frau Lehrer g'sagt, wia s' z'streitn komma san, „mei Mann trinkt auf d'Nacht mehrer Bier wia der Eahra die ganze Woch!"

*

„Ich hab einen Einfluß in diesem Dorf!" hat dersell Lehrer g'sagt, wia er die zehnte Halbe trunka hat.

*

„– weil dei' Vorgänger sovui g'suffa hat!" hat dersell Hausherr g'sagt, wia der Mieter reklamiert hat, daß dö Wohnung so feucht is'.

*

„Ja, man riacht's ganz deutli!'!" hat der Doktor g'sagt, wia dersell Bierdimpfi behaupt' hat, daß er bayerisches Bluat in seine Adern hat.

*

„Dös kann net stimma", hat dersell Bierdimpfi zum Doktor g'sagt, wia der g'moant hat, daß jede Maß sei' Leb'n um an halbert'n Tag verkürzt", – da kaam i ja nachher erst in zehn Jahr' af d' Welt . . .!"

„Manchmoi trink i bloß an die fuchzehn Halbe am Tag“, hat dersell Maurer zum Doktor g’sagt, „aber nachher gibt’s wieder Zeit’n, da kann i mi’ überhaupt net beherrsch’n!“

*

„I bin aber no’ nia feig gwen!“ hat dersell Bierdimpfi g’sagt, wia eahm der Doktor g’sagt hat, daß der Alkohol sein größter Feind is.

*

„Wennst du no’ a Jahr a so weitersaufst“, hat dersell Doktor zum Bierdimpfi g’sagt, „nachher bist in vier Woch’n g’storb’n!“

*

„– der is ja inzwisch’n g’storb’n!“ hat dersell Bierdimpfi g’sagt, wia s’ ’n g’fragt hab’n, warum er wieder a so trinkt, obwohl ’s eahm doch der Doktor strengstens verbot’n hat.

*

„I bin a Bayer!“ hat dersell Bierdimpfi g’sagt, wia eahm der Sommerfrischler im Wirtshaus erklärt hat, daß jed’s Jahr mehrere taus’nd Deutsche durch Alkohol sterb’n.

„Wer trinkt, lebt nicht so lang!“ hat dersell Doktor zum Bauern g’sagt. „Aber dafür siehgt er alles zwoamal!“ hat der g’sagt.

*

„Wer achtz’g Jahr lang a Bier trinkt“, hat dersell Wirt g’sagt, „der stirbt garantiert net als a Junger!“

*

„Durscht hab’ i koan“, hat dersell Bierdimpfi zum Pfarrer g’sagt, „i trink halt, weil ’s a so der Brauch is . . .“

*

„Dös muaß a Druckfehler sei’“, hat dersell Münchner g’sagt, wia er g’les’n hat: „My home is my castle“, – richtig hoaßt’s: „My home is my glasl“!

*

„Jetz’ woaß i“, hat dersell Bierdimpfi g’sagt, wia er amol a Muich trunka hat, „warum dö kloan’ Kinder so vui schrei’n!“

*

„– den sollst aber hör’n, wenn i eahm d’ Flasch’n wegnimm!!“ hat diesell Muatter zur andern g’sagt, wia die g’moant hat, daß der Bua sei’m Vater gar net gleichsiehgt.

„Da saufst dei' ganz' Leb'n", hat dersell Bierdimpfi bei der Leich vo' sei'm Freund g'sagt, „und danka tuat dir's koa Mensch . . .!"

*

„Da muaßt wart'n, bis d' amol ins Wirtshaus kimmst!" hat dersell Vater zum Buam g'sagt, wia der g'moant hat, daß er gern sehgert, wia si' d' Welt draaht.

*

„– in der mein' aa!" hat dersell Bierdimpfi g'sagt, wia der Opernsänger behaupt' hat, daß in seiner Kehle ein Vermögen liegt.

*

„Dös brauchen S' net sag'n, dös riacht ma!" hat dersell Chef g'moant, wia der Bewerber g'sagt hat: „Ich komme aus der Wirtschaft . . .!"

„Liaber an Rausch als a Fieber!“ hat dersell Kranke g’sagt, hat d’ Medizinflascherl zum Fenster außig’worfa und is ins Wirtshaus gangen.

*

„Stopf an Brunn zua!“ hat dersell Wirt zum Knecht g’sagt, wia er an Haufa Wanderer auf’s Wirtshaus zuarageh’ hat sehg’n.

*

„Heit is’s aber hoaß“, hat dersell Münchner g’sagt, „mindestens vier Maß im Schatt’n!“

*

„Was huift denn ’s Trinka?“ hat dersell Knecht nach der fünft’n Maß g’sagt, „wenn ma danach allerweil no an Durscht hat!“

*

„Is ebba der gar net vo’ mir?“ hat dersell Bauer zu der Bäuerin g’sagt, wia si’ eahra Bua im Bierzelt a Limonad’ b’stellt hat.

*

„Mei, wos woaß denn der Bua, wos a Maß is!“ hat dersell Bierdimpfi g’sagt, wia er sei’m kloan Enk’lkind den ganz’n Kruag hat austrinka lass’n und der Doktor g’moant hat, daß dös net sei’ müassert.

„Zu viert hab'n mir acht Maß trunka", hat dersell Bauer g'sagt, „i und meine drei kloan' Kinder!"

*

I trink nix liaber wia Bockbier!" hat dersell Bierdimpfi g'sagt. „Bei mir is 's genau umkehrt", hat sei' Nachbar g'sagt, „i trink a Bockbier liaber wia nix!"

*

„Dös oanzige Gmüas, dös i mog", hat dersell Bauer g'sagt, „dös is's Bier!"

*

„Im Wein liegt Wahrheit, das Bier gibt Kraft", hat dersell Wirt g'sagt, „– und im Wasser schwimmen die Bazillen!"

*

„I möcht was zum ess'n", hat dersell Knecht zum Wirt g'sagt, „bring ma a Bier!"

*

„Was machert jetz' dös aus", hat dersell Knecht g'sagt, „wenn unser Kirchaturm fümf Zantimeter niedriger waar und der Maßkruag fümf Zantimeter höher!"

„Du hast vielleicht an Zug“, hat dersell Bauer zum Lehrer g’sagt, „mei Maßkruag is no halbert voll und der dei’ scho’ halbert laar!“

*

“I b’stell derweil dö zwoate Halbe!“ hat dersell Gast zu der Kellnerin g’sagt, wia s’ eahm ’s Bier so lang net bracht hat.

*

„Ideen muß man haben!“ hat dersell Maurer g’sagt und hat zwisch’n der sechst’n und siebt’n Maß Bier schnell no’ a achte trunka.

*

„I glaub’, jetz’ fanga s’ bei uns aa mit’m Bau’n an“, hat dersell Bauherr g’sagt, „heut früah is a Brauereiauto kemma und hat Bier abg’lad’n . . .!“

*

„Dös bisserl, wos i iß, dös kann i aa trinka!“ hat dersell Maurer g’sagt und hat am Mittag an halbertn Kast’n Bier trunka.

*

„Wenn i in der Früah a paar Halbe Bier trink, nachher kann i am Mittag ess’n, was i mag“, hat dersell Bauer g’sagt, „mir schmeckt einfach am Nachmittag d’ Arbert nimmer!“

„Macht nix“, hat der Bayer g’sagt, wia ihn dersell Preuß dummerweis mit der Limonad ang’spritzt hat, „ins Mäui is mir ja nix nei!“

*

„Dös Geld wann i hätt“, hat dersell Bauer g’sagt, „dös i scho versuffa hab, – da könnt i saufa!“

*

„A Maß!“ hat dersell Bayer in Castrop-Rauxel g’sagt, „weil mi’ dö Kleinigkeiten allerweil a so afreg’n!“

„Hängt’s es zum Burgermoaster hi’, nachher lernt’s es scho’!“ hat dersell Tierarzt zum Bauern g’sagt, wia ’s Kaibl net saufa wollt.

*

„I vertragert vui Bier“, hat dersell Lehrbua g’sagt, „wenn i net scho allerweil vo oaner Maß b’suffa waar!“

„Mei' Großvater hat vui Bier vertrag'n", hat dersell Saufbruader zum andern g'sagt", – den hab'n s' oft mit'm Schubkarr'n hoam-g'fahr'n . . .!"

*

„Je mehr i trink', desto g'scheiter werd' i", hat dersell Bierdimpfi zum Lehrer g'sagt, „nach der fünft'n Maß erzähl' i allerweil Sachen, die i no gar net g'wußt hab'!"

*

„– und d' Leut sag'n allerweil, i selber waar's!" hat dersell Alkoholiker g'schimpft, wia der Doktor g'sagt hat, daß ganz alloans 's Bier schuld is an sei'm Elend.

*

„Dö soll'n dahoam saufa, wia i aa!" hat dersell Bierdimpfi g'sagt, wia oaner für a Trinkerheim g'samm'lt hat.

*

„Dei' Bier hat mindestens 36%!" hat dersell Gast zum Wirt g'sagt: „10% Wasser, 10% Bedienung, 14% Mehrwertsteuer und a paar Prozent Alkohol."

„Wia müass'n die erst schö' spuin", hat dersell Heimatpfleger von a Musikkapell'n g'sagt, „wenn s' amol fünf Maß trunka hab'n . . . !"

*

„A Kreuz ist's", hat dersell Knecht g'sagt, „der Doktor hat mir 's Märzenbier verboten und 's Bockbier; jetz' derf i grad mehr a Freibier trinka!"

*

„Mit'm Bier is 's a so a Sach'", hat dersell Knecht g'sagt, „'s dunkle macht dick, 's helle geht aufs Herz, – bloß 's Freibier, dös schad't nix!"

*

„Wenn i no' grad hi' waar, wenn i no' grad hi' waar!" hat dersell Knecht g'jammert, wia er g'hört hat, daß 's beim Bräu a Freibier geb'n hat.

*

„Mit dö schlecht ei'g'schenkt'n Maßkrüag", hat dersell Münchner am Oktoberfest zu der Kellnerin g'sagt, „kriagt ma allerweil gar koan so schöna Rausch!"

„Komisch“, hat dersell Bierdimpfi zum andern g’sagt, wia s’ hinter ’m Bierzelt g’stand’n san, „so teuer kaaft ma ’s Bier und so billig gibt ma ’s wieder her . . .!“

*

„Dös wird der beste Zug an dir sei’!“ hat diesell Bäuerin g’sagt, wia ihr Mo a Maß Bier in oam Zug austrunka hat.

*

„Wenn ma wos net versteht, sollt ma ’s Mäui halt’n!“ hat dersell Bierdimpfi g’sagt, wia sei’ Wei’ g’moant hat, daß dös net versteht, wia ma a so saufa ko.

*

„I trink nia mehr“, hat dersell Bierdimpfi sei’m Wei’ versprocha, – „als fünf Maß pro Stammtisch!“

*

„Jessas“, hat diesell Bäuerin zu ihr’m Mo g’sagt, „du trinkst ja a Halbe auf oamal! I mach wenigst’ns zwoa Züg bei der Maß!“

*

„I trink ja dö ganze Zeit af ihr’ G’sundheit!“ hat dersell Bierdimpfi g’sagt, wia s’ ’n g’fragt hab’n, warum er net hoamgeht, wo doch sei’ Wei’ so krank is.

„Kommst scho wieder aus'm Wirtshaus?" hat diesell Bäuerin zu ihr'm Mann g'sagt. „O mei", hat der g'moant, „alleweil kann i aa net drin bleib'n!"

*

„Mei', i bin aa net trucka g'sess'n . . .!" hat dersell Bierdimpfi g'sagt, wia sei' Wei', a Standlfrau, recht g'schimpft hat, daß er s' bei dem Reg'nwetter erst so spät ablöst.

*

„Dös is komisch", hat dersell Bierdimpfi g'sagt, „im Wirtshaus bin i wia z' Haus, und bei mir z' Haus bin i nia z' Haus . ..!"

*

„Alkohol verkürzt das Leben!" hat dersell Doktor g'sagt. „Dös stimmt", hat der Bauer g'sagt, „im Wirtshaus vergeht d' Zeit allerweil am schnellstn!"

*

„I geh neamads (niemandem) im Weg um", hat dersell g'sagt, „am Tag schlaf i, und in der Nacht bin i im Wirtshaus!"

„Dös stimmt“, hat dersell Bierdimpfi g’sagt, wia er in der Zeitung g’les’n hat, daß dö Feuchtgebiete allerweil weniger werd’n, „früher hat ’s vui mehrer Wirtshäuser geb’n . . .!

*

„ – dort müassert ma a Wirtshaus hab’n . . .!“ hat dersell Bierdimpfi g’sagt, wia er g’hört hat, daß in Nordnorweg’n d’ Nächt’! vui länger san als bei uns.

*

„Z’ wenig und z’ vui, is am Teifi sei’ Gspui!“ hat dersell Wirt g’sagt und hat an Maßkruag grad halbert ei’g’schenkt.

*

„Oa Festlichkeit hört af, dö ander fangt o“, hat der Wirt g’sagt, „do soll oaner sag’n, für dö B’suffan wird nix to!“

*

„I glaub, es is g’scheiter“, hat dersell Bauernknecht im Wirtshaus g’sagt, „i gib’s am Wirt als am Doktor!“

*

„I hab an schwach’n Mag’n“, hat dersell Knecht im Wirtshaus g’sagt, „i vertrag koa Wasser!“

„Paß auf, Gurgl“, hat dersell Knecht im Wirtshaus g'sagt, „jetz' kimmt a Wolk'n-bruch!“

*

„'s Bier is dös billigst, was i hab“, hat dersell Wirt g'sagt, „dös wird g'schenkt!“

*

„ – und wia möchst du dir dös alles mirka?“ hat dersell Bierdimpfi g'fragt, wia der Wirt g'sagt hat, daß er jetz' nix mehr anschreibt.

*

„Göid (Geld) alloans macht aa net glückli!“ hat dersell Arbeiter g'sagt und hat im Wirtshaus sein' ganz'n Woch'nlohn versuffa.

„Jetz' bin i wieder im Zugzwang!" hat dersell Bauer g'sagt, wia sei' Knecht scho' die sechste Maß trunka hat und er no' vor der fünft'n g'sess'n is.

*

„A so a Maßkrug is wia a Saumag'n, hat dersell Bauer im Wirtshaus sinniert, „der is allerweil glei' wieder laar!"

*

„Mehr soll ma net trink'n als mit G'walt owigeht!" hat dersell Tot'ngraber g'sagt und hat si' die zehnte Maß hinstellen laßn.

*

„Dös nützt nix!" hat 's Wirtsdeandl zu der Muattern g'sagt, wia s' am Burgermoaster ei'g'schenkt hat, „der trinkt ja allerweil wieder aus!"

*

„I wollt, i wissert, daß i morg'n an Fuchz'ger verlier!" hat dersell Bauer im Wirtshaus g'sagt, „ – weil i 'n nachher heut no' versaufert!"

„Es is besser“, hab’n diesell’n Saufbrüader g’sagt, „im Wirtshaus sitz’n und an d’ Kircha denka, als in der Kircha sitz’n und an’s Wirtshaus denka!“

*

„Mir gibst dös gleiche!“ hat dersell Bierdimpfi g’sagt, wia er in a fremd’s Wirtshaus kemma is und oan unter’m Tisch drin lieg’n hat sehg’n.

*

„Owi schmeckt’s besser wia auffa!“ hat dersell Bauer g’sagt, wia er die zehnte Maß trunk’n hat.

*

„Jetz’ derfst aber afhör’n mit’m Trinka“, hat dersell Bierdimpfi zum andern g’sagt, „dei G’sicht is’ scho’ ganz verschwumma!“

*

„Schütt’s mir’s übern Kopf!“ hat dersell Bierdimpfi g’sagt, wia er ’s Bier nimmer trinka hat könna.

„Jetz' wenn i's wüßt?", hat dersell Bauer im Wirtshaus g'sagt, „ob i drei Halbe Bier trinka und um zwölfi hoamgeh' wollt, oder ob i zwölf Halbe Bier trinka und um drei hoamgeh' wollt' . . ."

*

„Goar nix kann i mia mehr mirka", hat dersell Bauer zu sei'm Wei' g'sagt, „net amol wann i aus'm Wirtshaus hoamgeh soll!"

*

„Kanntst mir eigentli' a Maß zahl'n", hat dersell oanzige Gast zum Wirt g'sagt, „weil i dir so lang G'sellschaft g'leist' hab.

*

„Komisch", hat dersell Bierdimpfi g'sagt, „wenn i an ei'm Wirtshaus vorbeigeh', kann i net widersteh'n, und wenn i außerkimm, kann i aa wieder net steh'n . . .!"

*

„Jetz' wenn i no' wissert, wo i herkemma bin", hat dersell Bauer im Wirtshaus g'sagt, „nachher kannt i hoamgeh . . .!"

„I kannt vui leichter sterb'n", hat dersell Bierdimpfi g'sagt, „wenn i wüßt, daß mein' Stammplatz oaner kriagt, der aa's Bier so gern mag wia i!"

*

„Wennst wieder amol sovui Durscht hast, nachher gehst in a Bäckerei!" hat diesell Bedienung zum Pfarrer g'sagt, wia er im Bierzelt oa Maß trunka und zwölf Brez'n g'ess'n hat.

*

„Unser Pfarrer ist der richtige Herr", hat dersell Wirt g'sagt, „der bet', was er muaß, und trinkt, was er ko!"

*

„I glaub', der hat seine best'n Züg' im Hals!" hat dersell Pfarrer vom neuen Lehrer g'sagt, der 's Bier gern mög'n hat.

„Sie täusch'n Eahna", hat dersell Burgermoaster zum neua Pfarrer g'sagt, „Trink'n is net mei' Schwäche, sondern mei' Stärke!"

*

„Ganz im Geg'nteil!" hat dersell Bierdimpfi g'sagt, wia 'n der Pfarrer g'fragt hat, ob er von der Früah bis af d' Nacht im Wirtshaus sitzt. („Von af d' Nacht bis in der Früah!")

*

„ – moanst ebba der Durscht?" hat dersell Bierdimpfi g'sagt, wia der Pfarrer predigt hat, daß 's Trinka net glücklich macht.

*

„Koa Hof is so groß", hat dersell Pfarrer g'sagt, „daß er net durch die kloanste Wirtshaustür gehert!"

*

„Schad, daß mir damals no' net g'lebt hab'n", hat dersell Bauernknecht zum andern g'sagt, wia der Pfarrer von der Hochzeit zu Kana predigt hat, „da muaß's schöne Räusch geb'n hab'n!"

„I trink scho' lang nimmer", hat dersell Bierdimpfi zum Pfarrer g'sagt", – bloß no' aus Kummer, wenn mi' ebbs freut, wenn mir B'suach hab'n und wenn mi' dürscht . . .!"

*

„Die Sauferei ist ein Laster!" hat dersell Pfarrer predigt. „Aber a schön's!" hat der Bauer zu sei'm Banknachbarn g'sagt.

*

„ – und ihr möchts amol Engl werd'n?" hat dersell Pfarrer zu seine b'suffenen Bauern g'sagt.

„I kenn' deine Platz'", hat dersell Pfarrer zum Bauern g'sagt, „in der Kircha ganz hint'n, aber im Wirtshaus ganz vorn!"

*

„I sing grad, wenn i an Rausch hab' . . .!" hat dersell Bauer g'sagt, wia der Pfarrer g'moant hat, daß er in der Kirche mitsinga sollt'!

*

„Was, da bin i aa no' gwen . . .?" hat si' dersell Bierdimpfi g'wundert, wia der Pfarrer g'sagt hat, daß er si' g'freut hat, daß er 'n gestern in der Maiandacht g'sehg'n hat.

*

„In der Höll, da gibt's koa Bier!" hat dersell Pfarrer zu dö Saufbrüader im Wirtshaus g'sagt. „Darum trinken wir es hier!" hab'n die drauf g'sagt.

*

„ – dös waar a saubere Himmelfahrt!" hat dersell Bierdimpfi g'sagt, wia eahm der Pfarrer vorg'halt'n hat, daß 'n no' amol der Teifi holt, wenn er a so weitersauft.

„Siehgts!“ hat dersell Pfarrer g’sagt, wia im Wirtshaus oaner untern Tisch owig’fall’n is, „wenigst’ns oaner, der woaß, wann er aufhör’n muaß!“

*

„ – nachher geh i halt wieder nei!“ hat dersell Bierdimpfi g’sagt, wia ’n der Pfarrer aus’m Wirtshaus außergeh’ hat sehg’n und g’sagt hat: „Kehr um, du bist auf dem falschen Weg!“

*

„Dös is allerweil no’ der gleiche!“ hat dersell Bierdimpfi g’sagt, wia ’n der Pfarrer g’fragt hat, ob er scho’ wieder an Rausch hat. „I derf ’n net ausgeh’ lass’n, weil an neuen kann i mir net leist’n . . .!“

*

„’s Gleichgewicht!“ hat dersell Bauer g’sagt, wia ’n der Gendarm g’fragt hat, was er in der Nacht auf der Straß suacht.

*

„Wo tuat’s Eahna denn weh?“ hat dersell B’suffene g’fragt, wia der Polizist g’sagt hat, daß er amol blas’n soll.

„Af dem recht'n oder af'm link'n?" hat dersell Autofahrer g'fragt, wia d' Polizist'n g'sagt hab'n, daß er a Stück auf dem weiß'n Strich dahi'geh' soll.

*

„Af alle zwoa!" hat dersell Bauer g'sagt, wia 'n der Polizist g'fragt hat, af welchener Straß'nseit'n er die vergangene Nacht vom Wirtshaus hoamganga is.

*

„Schüttl' mi' net a so", hat dersell b'suffane Knecht zum Schandarm g'sagt, „sinst laaft mir z'vui Bier außer!"

*

„Hätt'st du sovui im Bauch wia i", hat dersell Bierdimpfi zum Polizist'n g'sagt, „nachher waarst dreimol sovui b'suffa!"

*

„ – und wer soll mi' nachher hoamführ'n?" hat dersell Bierdimpfi g'fragt, wia der Polizist g'sagt hat, daß Kinder nach zehne af d' Nacht nimmer af der Dult sei' derfan.

„Dös is komisch!“ hat dersell B’suffene g’sagt, „solang mer geh’ kannt, geht mer net, aber wenn mer nimmer geh’ ko, nachher geht mer!“

*

„Wenn ma no’ afsteh’ können, nachher bleib’n mir do“, hat dersell Bierdimpfi zum andern g’sagt, „und wenn ma nimmer afsteh’ können, nachher geh’n mer hoam!“

*

„Öha!“ hat dersell Bierdimpfi g’sagt, wia er si’ beim Afsteh mit ’m Kopf an der Tischplatt’n ang’stoß’n hat.

*

„I mach mir nix aus’m Bier“, hat dersell Bauer g’sagt, „nach der siebt’n, acht’n Maß geh i fast a jed’s Mal hoam!“

*

„Dös is komisch“, hat dersell Knecht g’sagt, „je mehr Helle daß i trink, um so dunkler wird’s, bis i hoamkimm!“

*

„Nomoi a Hell’s“, hat dersell Bauernknecht g’sagt, „daß mir beim Hoamgeh’ d’ Nacht net so finster fürkimmt!“

„Was? Z'erscht so vui, und jetz' gar nix mehr?" hat dersell Bierdimpfi zum andern g'sagt, wia der hoamgeh' wollt'.

*

„Gestern hab'n mir beim Bräu oan außig'worf'n", hat dersell Bierdimpfi erzählt, „und nach ana Viert'lstund hab i 's erst g'merkt, daß dös i gwen bin . . .!"

„So was Blöd's", hat dersell Bierdimpfi g'mamst (= räsoniert), wia er in der Nacht über d' Bruck hoamganga is, „jetz' mach'n dö bloß af oaner Seit'n a G'lander hi', – als wenn i grad af oaner Seit'n an Rausch hätt . . .!"

*

„Dös is heut wieder a Wind!" hat dersell Burgermoaster g'sagt, wia er af'm Hoamweg vom Wirtshaus allerweil vo' oaner Seit'n af dö andere kemma is.

„Seitdem s' dö Straß broader g'macht hab'n", hat dersell Bierdimpfi g'sagt, „brauch' i allerweil länger vom Wirtshaus hoam!"

*

„Wenn s' no grad aufhörat, de Stiagn", hat dersell Bsuffene g'sagt, wia er auf'm Bahngleis hoamganga is, „ – oder wenn wenigstens 's Glander (Geländer) a weng höher waar!"

*

„Schau no' grad, was mei' Alte heut wieder für Aug'n macht . . .!" hat dersell B'suffene zum andern g'sagt, wia s' af'm Bahngleis hoamganga san und a Zug kemma is.

*

„Was für oan moants denn?" hat dersell Lehrer g'sagt, wia 'n dö zwoa B'suffan g'fragt hab'n, ob der Mo'schei' rot oder grea is.

*

„Einigkeit macht stark!" habn diesell B'suff'nen g'sagt, und dann sand s' miteinander in Bach einikugelt.

*

„Trink aus!" hat dersell B'suffene zum andern g'sagt, der in Bach ei'g'falln ist, „nachher gehnga ma hoam!"

„Dös is aber a dünn's Bier!“ hat dersell B'suffene zum andern g'sagt, wia s' im Bach dring'leg'n san.

*

„Dö werd'n mi' doch net in Weltraum g'schoss'n hab'n . . .?“ hat dersell Bauer g'sagt, wia er vom Wirtshaus hoamganga is und im Bach drin a Mo'schei' g'sehg'n hat.

*

„An dem könnst dir a Beispiel nehma!“ hat dersell g'sagt, wia sei' Nachbar aus'm Wirtshaus kemma is und recht laut g'sungen hat: „Guter Mond, du gehst so stille . . .“

*

„Dös kimmt ganz drauf an“, hat dersell Bauer g'sagt, wia 'n der Fremde g'fragt hat, wia weit 's no' bis zum Wirtshaus is, „ob ma hingeht oder hoamgeht!“

*

„Hört denn dö Prozession nimmer af?“ hat dersell B'suffene g'fragt, wia er an den zwanzigst'n Alleebaam hi'g'rennt is.

„Is dös a langer Hund!“ hat dersell Bauer g’sagt, wia er beim Hoamgeh’ vom Wirtshaus nachananderdrei affitret’n hat.

*

„So groß hätt i mir’s net vorg’stellt, unser Dorf!“ hat der B’suffene g’sagt, wia er af alle viere hoamganga is.

*

„Aufheb’n kann i di’ net!“ hat dersell B’suffene zum andern B’suffan g’sagt, „aber zuareleg’n tua i mi zu dir!“

*

„Auweh, ei’g’mauert!“ hat dersell B’suffene g’sagt, wia er um d’ Litfaßsäul’n rundumganga is.

*

„Wia der Blitz“, hat dersell Bua zu der Muatter g’sagt, „is gestern der Papa vom Wirtshaus hoam.“ „So schnell?“ „Nna, so zick-zack!“

*

„Dös is komisch!“ hat dersell Knecht g’sagt, hing’fahr’n bin i mit’m Radl und hoamkemma bin i mit’m Rausch!“

„Alle, – bis af oan!" hat dersell Bierdimpfi g'sagt, wia 'n a Stammtischbruader g'fragt hat, ob er seine Schuah scho' wieder g'fund'n hat, die er vom Wirtshaus hoam verlor'n hat.

*

„So schö möcht i' 's aa hab'n!" hat dersell Knecht g'sagt, wia er sein' b'suff'nen Bauern ang'schaugt hat, „jeden Tag an Rausch!"

*

„Da muaß a schlechte dabeigwen sei'!" hat dersell Knecht g'sagt, wia er nach der zehnt'n Maß nimmer guat beianander gwen is.

*

„I führ a geregeltes Leb'n", hat dersell Bauer zum Pfarrer g'sagt, „i bin jed'n Tag b'suffa!"

*

„Die letzte Woch bin i bloß zwoamal b'suffa gwen", hat dersell Bauer zum Pfarrer g'sagt, „oamal drei Tag und oamal vier Tag!"

*

„Allerweil i!" hat dersell B'suffene g'sagt, wia er zum acht'n Mal untern Tisch owi-g'fall'n is.

„Mir zwoa halt'n halt z'samm'", hat dersell B'suffene g'sagt, „i und mei' Rausch: er hat mi' und i hob eahm!"

*

„Dös is a außig'worfen's Geld", hat dersell Bierdimpfi g'sagt, „wenn ma bloß an halbert'n Rausch hat!"

*

„A halberter Rausch is gar nix!" hat dersell Knecht g'sagt und hat nach der zehnt'n Maß no' weitertrunka.

*

„Fehlt Eahna was?" hat diesell Krank'nschwester an B'suff'nen g'fragt. „Nna", hat der g'sagt, „im Geg'nteil, i glaub", i hab' z' vui!"

*

„Danke, danke! Jeden Tach Almrausch jeholt!" hat dersell Preiß g'sagt, wia s' 'n g'fragt hab'n, ob 's eahm in dö Berg g'fall'n hat.

*

„A schöne Leich!" hat dersell Wirt g'sagt, wia der Burgermoaster g'storb'n is, – „so vui Räusch . . .!"

„Mir hab'n a prima Wetter g'habt am Vatertag", hat dersell Saufbruader g'sagt, „da Himmi und i san a ganz'n Tag blau gwen!"

*

„Ihr zwoa werd'ts allerweil schöner", hat dersell Bursch af der Hochzeit zu sei'm Deandl g'sagt, – „je mehr i trink!"

*

„Liaber a Schwiegermuatter mehr", hat dersell Saufbruader g'sagt, wia er scho' ois zwoamal g'sehgn hat, „als wia a Maß Bier weniger!"

*

„Jetz' wenn i 's wüßt'", hat dersell B'suffene g'sagt, wia er af d' Uhr g'schaugt hat, „ob 's neune am Vormittag is oder neune af d' Nacht . . ."

*

„Schön gehngan s' scho', dö neumodisch'n Uhr'n", hat dersell B'suffene g'sagt, wia er an Ventilator ang'schaugt hat, „wenn ma' no' d' Ziffern besser les'n kannt . . .!"

*

„I bin scho zu zwoat!" hat dersell b'suffene Radlfahrer g'sagt, wia 'n der Polizist aufhalt'n wollt.

„I glaub, dös is die Strafe Gottes!“ hat dersell B’suffene g’sagt, der af der Straß’ an g’stohlna Christbaam hoamtrag’n hat, „jetz’ laaf i scho’ vier Stund’n und find’ nimmer aus dem Hojz (= Wald) außer!“

*

„Wenn i b’suffa bin, bin i a General!“ hat dersell Gefreite g’sagt, wia der Leutnant g’moant hat, daß er scho’ längst zum Unteroffizier befördert word’n waar, wenn er net a so saufert.

*

„Besser im Krüag’l dasuffa“, hat dersell Bierdimpfi g’sagt, „als wia im Bach!“

*

„Man möcht ’s net glaub’n, was a guat’s Bier ausmacht“, hat dersell Mesner g’sagt, „wia i in d’ Kircha ganga bin, is d’ Straß no’ grad gwen, und jetz’ is s’ ganz schief!“

*

„I werd’ doch net dersuffa saa!“ hat dersell Bierdimpfi g’sagt, wia er beim Hoamgeh’ in der Nacht in d’Auslag’ vom Fischg’schäft nei’g’schaugt hat.

„Der arme Mo'schei' kannt oan direkt derbarma!“ hat dersell Saufbruader g'sagt, „der is im Jahr bloß zwölfmal voll und i bin 's jed'n Sunnta!“

*

„Volltank'n!“ hat dersell Verunglückte bett'lt, wia eahm der vom Rot'n Kreuz an Schluck Alkohol geb'n hat.

*

„Da muaßt aber scho' g'scheit b'suffa gwen sei!“ hat demselln Rektor sei Frau g'sagt, wia er behaupt' hat, daß sich auf der Party alles um ihn gedreht hat.

*

„Hoffentli' spannt 's koaner, daß du koan Rausch hast!“ hat dössell Wei' zu ihr'm Mo g'sagt, wia der an recht'n Blödsinn daherg'red't hat.

*

„Für d' Musi aa a Maß!“ hat dersell Bauer af 'n Chor auffig'schrien, wia er an Ostern scho b'suffa in d' Kircha kemma is.

*

„Wennst du koan Rausch hättst“, hat dersell Pfarrer zum Bauern g'sagt, „nachher taatst merk'n, daß d' an Rausch hast!“

„Moanst vielleicht i bin blöd", hat dersell B'suffene g'sagt, „und buck mi um dös Fuchzgerl, und um fünf Mark a Bier laufert mir außer!"

*

„I lieg' Reklame!" hat dersell B'suffene g'sagt, der vor'm Wirtshaus im Straß'n-grab'n g'leg'n is.

*

„Raum ist in der kleinsten Hütte!" hat dersell b'suffene Lehrer g'sagt und is in d' Hundshütt'n ei'g'schloffa.

„Dös schmeckt!“ hat dersell b’suffene Bauer g’sagt, wia er im Stall sei’ Goaß abbuss’lt hat.

*

„I find mei Bett!“ hat dersell B’suffene g’sagt und is in Saustall gangen.

*

„Dahoam is dahoam!“ hat dersell Bauer g’sagt, wia er mit ei’m Mordsfetz’n Rausch in der Odllaka (Jauchepfütze) dring’leg’n is.

*

„Mei voller Ernst!“ hat dössell Wei’ g’sagt, wia ihr Mo b’suffa vom Wirtshaus hoamkemma is.

*

„ – weil mir ’s Geld ausganga is!“ hat dersell Bierdimpfi g’sagt, wia ’n sei’ Wei’ g’fragt hat, warum er scho’ wieder halbert b’suffa hoamkimmt.

*

„Nachher kannt’n mir ja a Prozession halt’n!“ hat dersell Bauer zu sei’m Wei’ g’sagt, wia er aus’m Wirtshaus hoamkemma is und sie recht g’jammert hat: „Hob i a Kreuz, jetz kimmt der wieder mit ana Fahn’ . . .!“

„ – weilst allerweil sagst, daß i dir nix hoambring!“ hat dersell Bauer g’sagt, wia sei’ Wei’ g’schimpft hat, daß er an Mordsfetz’n Rausch hoamziahgt . . .

*

„Man g’wohnt si’ an all’s!“ hat dersell B’suffane g’sagt, wia er hoamkemma is und ’n ’s Wei’ g’fragt hat, ob er ihr no ins G’sicht schaugn ko.

*

„I wollt’, i waar a Maus“, hat dersell B’suffene g’sagt, „nachher fürchtert si’ jetz mei’ Wei’!“

*

„Dös kann mir net passier’n!“ hat dersell Bierdimpfi zu sei’m Nachbarn g’sagt, wia der erzählt hat, daß er nach einer durchzechten Nacht allerweil ganz derschlag’n ist, – „i bin no’ ledig!“

„Wenn i no scho grad lieg'n taat!" hat dersell B'suffene g'sagt, wia er an seiner Bettstatt g'sess'n is.

*

„Da trinkst dir an Rausch an", hat dersell Bauer lamentiert, „damitst dei Alte vergißt, und nachher kummst hoam und siehgst as gleich doppelt!"

*

„Jetz' fang endli' amol 's Schimpfa o!" hat dersell Bauer zu sei'm Wei' g'sagt, wia er in der Nacht vom Wirtshaus hoamkemma is, „sonst find' i mei' Bett net!"

*

„I werd' doch net im falsch'n Zimmer sei'!" hat dersell B'suffene g'sagt, wia er am nächst'n Tag in 'n Spiag'l g'schaut hat.

*

„I glaub, die zwoa kenn i!" hat dersell Maurer g'sagt, wia er af d' Nacht in Spiagl einig'schaugt hat.

*

„Jetz' derf i mi aber wirkli' amol rasier'n!" hat dersell B'suffene g'sagt, wia er statt 'm Spiagl d' Haarbürst'n derwischt g'habt hat.

„Du hast vielleicht an Rausch g'habt!" hat diesell Bäuerin zu ihr'm Mo g'sagt. „D'Hos'n hast ins Bett g'legt und di hast über'n Stuhl g'hängt!"

*

„Gestern bist a so b'suffa gwen, daß d' vom Bett außerg'fall'n bist!" hat diesell Bäuerin zu ihr'm Mo g'sagt. „Bouß'n (= schlagen) hab' i 's hör'n", hat der g'sagt, „aber i hab net g'wißt, daß dös i gwen bin . . !"

*

„ – hat dös Wirtshaus a niedere Deck'n!" hat dersell B'suffane g'sagt, wia er am nächst'n Tag unterm Bett wach word'n is.

*

„Schau z'erst amol, ob net mei' Todesanzeig' in der Zeitung steht!" hat dersell Bierdimpfi zu sei'm Wei' g'sagt, wia er in der Früah mit am Mordstrumm Rausch hoamkemma is.

*

„Is ebba der Papa wieder b'suffa?" hat dersell Bua g'sagt, wia der Vater an Nikolaus g'macht und dös Gedicht afg'sagt hat: „Von drauß', vom Walde komm ich her . . ."

„Um a Sau hab i 'n g'schickt", hat diesell Bäuerin vo' ihr'm Mo erzählt, „ – und mit am Aff'n is er hoamkemma!"

*

„ – der is ja heut scho' wieder b'suffa!" hat diesell Bäuerin g'sagt, wia s' der Richter g'fragt hat „ – und Ihr Alter?"

*

„Sogar zwoamoj af oamoj!" hat dersell Zeuge g'sagt, wia 'n der Richter g'fragt hat, ob er den Angeklagt'n im Wirtshaus g'sehg'n hat.

*

„Mei' Mo is wia der Mo'schei'", hat diesell Lehrerin g'sagt, „manchmoi nimmt er ab, nachher nimmt er wieder zua, und alle vier Woch'n is er mindestens oamal voll!"

*

„I hab'n seitdem no' net g'sehg'n!" hat dössell Wei' g'sagt, wia s' d' Nachbarin g'fragt hat, ob ihr'm Mo dö neue Stellung in der Brauerei g'fallt.

*

„I hab dein Mann scho zwoa Woch'n nimmer troffa!" hat dössell Wei' g'sagt, wias s' d' Nachbarin g'fragt hat, ob s' gestern den „Blauen Bock" g'sehg'n hat.

„ ’s Heirat’n is nix word’n!“ hat dersell ledige Bauer g’sagt. „Wenn i b’suffa gwen bin, hat mi sie net mög’n, und wenn i net b’suffa gwen bin, hob i sie net mög’n!“

*

„Wer wird eahm denn den vergift’ hab’n?“ hat diesell Bäuerin g’sagt, wia s’ ihr’n Mo weg’n Alkoholvergiftung ins Krank’nhaus bracht hab’n.

*

„Lauter Rausch is’s net“, hat dersell Doktor zu der Bäuerin g’sagt, wia er an Bauern untersuacht hat, „a bissl a Krankheit is scho aa dabei!“

*

„Mein Mann hat keinen Säuferwahn“, hat diesell Mesnerin zum Doktor g’sagt, „der sauft wirkli!“

*

„Stimmt dös?“ hat dersell Viehhandler g’fragt, „daß euer Burgermoaster g’storb’n is?“ „Ja“. „Was hat eahm denn g’fehlt?“ „Totgsuffa hat er sich!“ „Reschpekt!“

„I steh af
Fendl-Büacher!“